Rita Mahlendorf

Heimatkunde

Gedichte vom Ankommen, Bleiben und Gehen

© 2022 Rita Mahlendorf
Herstellung und Verlag: BoD – Books on Demand, Norderstedt
ISBN: 9783756822362

Prolog

Die ersten Worte, die ich sprach, kann niemand erinnern.
Sie sind wohl auch nicht besonders aufgefallen. Zu Hause
wurde immer viel geredet, eine ganze Kinderschar plap-
perte durcheinander. Ich wurde größer und lernte ebenso,
mich mitzuteilen, wie den Mund zu halten; als Jüngste
in der Großfamilie stand mir bei Tischgesprächen meist
nicht das Wort zu. Ich lernte Mama und Papa und all die
anderen Worte, auch die, die man nicht sagen sollte,
rechtzeitig. Die ersten Worte, die ich schrieb, machten
mich stolz. Ich bin mir nicht sicher, ob mein Stolz auf das
Schreibenlernen ausreichend Widerhall im Kreis meiner
Lieben fand. Schließlich war ich die Kleinste, das Nesthäk-
chen zwar, aber auch die, die nebenbei aufwuchs, ganz
selbstverständlich behütet von den großen Geschwistern.
Ich lernte schnell und verstand es dabei, nicht aufzufallen.
Wenn meine Brüder und Schwestern ein Text aus dem
Schulbuch quälte, ein Osterspaziergang zum vierten Mal
den allgemeinen Weltuntergang erlitt, hatte ich das Ge-
dicht schnell im Kopf. Der Singsang des Rhythmus' prägte
sich ein, ohne mir viel Mühe abzufordern. Darunter leide
ich zuweilen noch heute. Jeder idiotische Schlagertext
frißt sich in die Gehirnwindungen. Beginnt die Musik,
singt eine innere Stimme mit, es kann noch so banal sein.
Immer waren es Worte, die mich faszinierten. Kaum hatte
ich schreiben gelernt, waberte zu oft die Lehrerrede an
mir vorbei, hatte ich den Sinn schon erkannt, das zu Den-
kende schon gedacht. So begann das Spiel. Ich fügte die
Worte neu, verlieh ihnen Sang und Klang, wo vorher kei-
ner zu finden war, stellte sie hin und her, ließ sie tanzen
auf dem Blatt als Dirigentin des Alphabets. Und sie ge-
horchten, meistens jedenfalls. Doch es wuchs zunehmend
die Sorge, nicht verstanden zu werden, die Angst, das
Unbeschreibliche nicht beschreiben zu können. Ich taste-

te in der Welt umher mit dieser immer wiederkehrenden Frage: Sind die anderen mir gleich? Wenn die Menschen ringsum auch so viele Worte im Kopf wägen, wenn sie auch so viele neue Gedanken denken, warum sagen sie es nicht, warum schreiben sie es nicht?

Die Worte sträubten sich zusehends mit dem Erwachsenwerden. Nicht alles einfach Gedachte konnte auch einfach aufgeschrieben sein. Es war irgendwann nicht mehr das Gedicht über die ruhmreiche Patenbrigade, das mich die halbe Nacht in Atem hielt. Es war die Frage, ob das, was ich zu sagen hatte, wichtig sein würde für diese Welt. So wichtig, daß nur ich es aufschreiben konnte. Und im Zirkel der Schreibenden oder bei Poetenseminaren erhielten beide Nahrung: der Zweifel und die Schreiblust.

Auf der Suche nach dem Eigenen stolperte ich immer wieder darüber, wer ich sein könnte. Und mußte mich doch zuerst damit befassen, wer ich denn sein sollte. In dem kleinen Land, das ich mein Zuhause nannte, konnte dieser Konflikt schon problematisch werden, wurde er an der falschen Stelle ausgetragen. Dennoch fragte ich und mußte mich fragen lassen, was ich zu sagen und zu schreiben hatte. Ob es einzigartig genug war, es der Welt mitzuteilen.

Noch heute überkommt mich hin und wieder die Angst, verloren zu sein und niemand erinnert sich meiner. Ich schreibe an gegen das Vergessen, mein eigenes und das meiner Vorfahren. So kam ich auch dazu, den Geschichten von Eltern und Großeltern nachzuspüren, festzuhalten, was sonst niemand mehr erzählen kann. Seit der Erfindung des Computers tut es mir wenigstens nicht mehr ganz so leid um das Papier, das ich zerfetze, wenn ich mit einem Text nicht zufrieden bin, wenn er sich sträubt, sich breit und eckig macht, sich nicht fügen will, etwas ganz anderes sagt als ich meine. Doch das Schreiben auf Papier brauche ich noch immer. Manchmal wächst eine Idee am Gestrichenen und ich bin froh, daß der Bleistift keine Löschtaste hat. Hin und wieder sehe ich meinen Zettelkasten durch und staune, wie viel Vernünftiges und Schönes ich zu formulieren wußte.

Es gibt Zeiten, da kommt mir nichts mehr über die Lippen, nichts so schön und wichtig und so einmalig, dass es sich aufzuschreiben lohnte. Die Worte werden widerborstig, je länger ich sie mit mir herumtrage, je mehr das Leben ihnen Bedeutungen zugewiesen hat auf eigene Weise. Schwerer wiegen sie im Lauf der Jahre, als würde ihnen anhängen, was ich mit ihnen verbinde, wie Algen und Seepocken am Tau, das über den Meeresboden streifte, lange Zeit. Vorsichtiger setze ich die kleinen Buchstaben aufs Papier, wohl wissend, sie sind ein ganz besonderer Spiegel, in dem andere mich sehen, auch wenn ich vergangen bin.

Und flüchtiger werden die Worte mit dem Älterwerden. Halten sich versteckt wie Kekskrümel in einer Buchritze, lassen sich nicht zwingen, tauchen ab in unerforschte Gehirnwindungen. Ich muß sie festhalten, ehe sie wieder verschwinden. Manchmal suche ich verzweifelt – wie hieß doch gleich die interessante Blume? Ich sehe sie vor mir, rieche den Duft, spüre förmlich das Wachsen, aber wie war ihr Name? Ein Nichts in meinem Wortgedächtnis tut sich auf. Ich suche und grabe, ich zerre aus den Ritzen alle möglichen Worte hervor, Fremdwörter fallen mir ein und Namen, die ich längst vergessen wähnte. Verzweifelt gebe ich auf und glaube an weiße Flecken im alternden Hirn. Da kommt das Wort um die Ecke geschlendert, wiegt sich in den Hüften und fragt grinsend, was ich wolle, es war doch nur mal kurz fort. Ich halte es fest, spreche es laut aus; es darf nicht wieder in die Buchritzen rutschen. Ich hasse diese Schrecksekunden, vielleicht sind es Prüfungen, tröste ich mich. Nicht vergessen, nicht vergessen, schreib es auf! So hole ich die Worte ans Licht, betrachte und begutachte, sortiere und beschütze sie, manchmal überfallen sie mich wie eine große Welle, schwappen über mich, fordern Stift und Papier. Zuweilen setzen sie sich fest, wo ich sie nicht erwarte, hocken auf einer imaginären Schnur wie zwitschernde Vögel im Herbst, die zum Aufbruch bereit sind. Doch ich lasse ihren Weggang nicht zu. So schreibe ich an auch gegen mein eigenes Vergessen. Ich prüfe die Worte nun genauer, wähle aus, wer mich vertreten darf. Bekenne mich immer öfter zum Schweigen; ich finde Raum für Worte und für Ungesagtes, nicht für Geplapper. Noch immer habe ich nicht herausgefunden, ob ich so einzigartig bin, daß es sich lohnt, zu lesen, was mir wichtig war, es aufzuschreiben. Und doch schreibe ich, denn ich kann nicht anders. Ich locke die Worte aus ihren Verstecken, weise ihnen meine eigene Bedeutung zu, den Platz, den sie in mir erobert haben. Die Sorge, nicht verstanden zu werden, weicht einem Getriebensein im Angesicht der vergehenden Zeit. Also schreiben.

Rita Mahlendorf

Bild im Spiegel

I
So bin ich ins Leben gekommen
Aus dem Niemandsland
Ich gehe ins Vergessen
Meine Erinnerung wird ein bleiches Tuch sein

II
Aus meiner Handfläche wächst ein Moos eine Distel
Die Muster gleichen den Linien meiner Haut
Ich werde bleiben wiederkehren und vergessen
Daß ich es war mit dem Lachen dem Weinen dem falschen
Gebet

III
Aber meine Kinder werden künstlich gezeugt
Ihre Gesichter nicht erkennbar
Meine Kinder werden wachsen und immer noch da sein
Wenn die Erde eßbar geworden ist
Meine Kinder
Werden keine und jede Sprache sprechen

IV
Ich gehe umher unter den Meinen
Und bin doch fort
Nur ihr Erinnern hält mich noch auf
Ich hänge am weißen Faden
Im unsichtbaren Netz
Geruch wäßriger Medizin
Die Schatten und das Gegengift
Gehören mir an

1992

1989

alles schon gesagt
alles schon gesehen
alles schon gefühlt

und der schale Wind von gestern
aufgewärmt unter derselben Sonne
trägt wieder den faden Geruch heran
alles schon gefühlt

und die müden Gesichter der Straße
erscheinen alle paar Schritte wieder
lächelnd tragen sie Zweifel zur Schau
alles schon gesehen

und die abgestandenen Worte
in meinem Mund, in deinem
glauben wir nicht mehr und wissen
nichts anderes als das

alles schon gesagt
alles

1989

Zeitunglesen 1989

Meine Hände, so unblutig sanft,
Teil dieser Welt wie
mein Atem, die täglich gelöffelte Suppe,
greifen nach Fernwohin wehrlos.
Die Unschuld verloren,
geh ich,
schlag einen Kiesel
aufs Wasser,
wie alle anderen auch…

1989

Kleine Flucht

Heimlich geh ich vor die Tür,
am Abend, wenn der Mond
schon fast versunken ist. Ich laß
mir leuchten vom anderen Licht.
Still steh ich, es zittert
auf meiner Zunge das eigene Herz.
Ich lausch mir die größten Geheimnisse ab,
steck sie in meine tiefsten Taschen,
geh die paar Schritte zurück
und lege die Kette wieder vor.

1989

Die Leute aus meinem Haus

Die Leute aus meinem Haus
   Stehn neben mir in der Kaufhallenschlange
   Wundern sich über mein Fahrrad im Flur
   Schenken sich Blumen und Kuchenrezepte
   Lassen den Hund vor Nachbars Tür pinkeln

Die Leute aus meinem Haus
   Gehn Anfang Mai nur selten zur Demo
   Schippen die Kohlen gemeinsam rein
   Warten auf Ämtern und Meldereviern
   Stehn am Abend noch hinter den Fenstern

Die Leute aus meinem Haus
   Werfen Bonbons ihren Kindern runter
   Streiten sich nach einer Kneipentour
   Drehen das Radio laut wenn der Nachbar
   Seine Frau vergewaltigt

1989/2021

November 1989

ich habe aufgehört briefe zu schreiben
stattdessen fahr ich durchs spinnenetz
der stadt
an jeder haltestelle versuchung
aussteigen
vielleicht zu früh
erkannt werden oder
ich kann mir selbst nicht folgen ohne zwang
den begonnenen tag vollenden
aber immer
mit dem messer schon zwischen den schultern
geh los oder gib dich preis
dem unbekannten
der nichts weiß außer
einer stadt ohne schultern
immer
auf den nächsten warten
oder das ende
oder keiner
weiß nichts

1989

erwiderung

für henry-martin

auf den zeilendrähten
saßen kleine dunkle vögel
deren gesang
nur die einsamen
verstanden
flohen davon
der kälteren hälfte
wir
bleiben zurück
ins eis
kleine löcher zu schlagen
später
festhalten
sagst du
und ich höre
mich fragen
warum wir
den blätterfall besangen

1990

April 1990

Bahnhof Lichtenberg –
Bedrängnis und
Stolz
sind nur noch die dunklen Augen.
Romania. Schnell vergessen
im Neujahrsrausch.
Die Frau neben mir, die mir Kaffee abgab
auf der langen Reise:
Wenn's wenigstens Deutsche wären...

1990

Mai 1990

Hier konnte ich immer weinen
Letzter Streifen Heimat am Fluß
Die Sehnsucht ins Gegenüber gekrallt
Heut warf ich die Scherben
Meiner längsten Liebe
Ins dreckige Wasser
Spuckte hinab und dachte sogar
Ich könnte dieses deutsche Land
Gesund überleben.

1990

Mein Land

Zum Tod von Peter Hacks

Meine Dichter sterben aus
Meine Schauspieler
Verfallen
Dem Alkohol
Dem Krebs
Der Namenlosigkeit

Was hab ich zu sagen
Wer hört mir zu

Der Tag steigt
Aus der Unterwelt
Und reißt sein Maul auf
Nach mir
Immer und immer

Die paar Köpfe
Aus diesem kleinen Land
Abzählbar

Meine Dichter sterben aus
Wer tut den Mund auf für mich

In einer Rivival-Show
Wird meine Kindheit verklappt
Manchmal wenn's ganz still ist
Schmecke ich mein Land noch
Das kann ich nicht teilen

Meine Helden sterben aus
Das Land
Ist nicht zu Ende
Weil ich noch bin

Aber meine Dichter
Wer spricht
Morgen, dann

2003

Müllrose

der See meiner Kindheit
hat mich erkannt
auf dem Rücken schweben
den Blick in den Spätsommerhimmel
der Liebste wartet
am Strand
er hört
nicht die Rufe
meiner frühen Freundinnen
Lachen und Rennen und Tauchen
aber niemals bis auf den Grund
kopfüber schoß ich
ins Wasser kopfüber
ein Foto vom See
das schönste
in Schwarzweiß
auf denen mit zackigem Rand
meine Mutter jung
und unverletzt
sie schwimmt bis zur Insel
und lachend zurück
trägt mich
auf ihrem weißen Schoß
durch den dunklen See
und ich kenne keine Angst
mein Vater
am Strand
der Liebste
sein Gesicht
benetzt er flüchtig
versteckt die Angst

aber meine Mutter kehrt immer zurück
aus dem See ihrer Kindheit
auf dem alte Kähne
duften nach Teer und Gras und Holz
tanzen sie auf dem offenen Auge
tanzen auf der Träne
in meinem märkischen Wald

2020

Heimat

Ihr redet von Heimat, ihr heimatlosen Gesellen
und droht
mit der ausgestreckten Hand
Heil dir, Brandenburg –
singt laut eure staubigen Lieder
ihr meint nicht mein Land
und meint auch nicht mich.
Denn das Land ist in mir,
darüber könnt ihr nicht herrschen,
könnt's nicht herausreißen
ihr brüllt mich nicht klein
und nehmt mir nicht weg
was mein ist
schon immer
treibt meine Wurzel den Saft in die Blüten

Ihr redet von Liebe und Heimat
Und kennt nur die zahlbare Gier
in Nummern und Scheinen, Gewinne, Verluste,
Geschäft ist das Wort euch für Liebe und Lust

Doch in mir
geht ein Land auf und ab,
sinnend und nicht zu vergessen
verstreu ich es über die Tage, die gleißende Nacht,
das flirrt unaufhörlich beim Wimpernschlag,
das hört ihr nicht.

Mein Land sind die Menschen.
Mein Land ist die Erde, unteilbar,
erlaufen, erriechen, erfühlen,
ich höre und spür,
der weise Wind geht umher,
belächelt euer Geschwätz.

Ich erzähl meine Lieder,
könnt sie nicht verhindern, nicht löschen;
das Rapsgelb könnt ihr nicht kaufen,
nicht Farbe
nicht mich.
Und brüllt ihr so laut – mein leise Gesagtes, Gesungnes
wird bleiben wie ich
und noch immer sind Heimat
das Gras auf der Wiese,
das Korn auf dem Feld
und *nicht nur die Städte und Dörfer…*

Mein kleines Licht zünd ich an
im Wiegen der Heimat.
Gegen das Dunkel der Drachen
und gegen den Zorn.

2009/2021

Über meinen Glauben

Ich gehe nicht zum Beten in die Kirche.
In kalten Mauern hört mir keiner zu.
Ich bitte nicht und bin so unbescheiden,
lach lieber laut und find doch keine Ruh.

Ich glaube nicht an all die Satansfresser,
nur an Maria, die an ihrem Sohne litt.
Denn alle Welt begehrte, ihn zu ehren.
Die Not der Mutter trägt doch keins der Kinder mit.

Und manchmal denke ich, vielleicht
hat mich der Himmel nur noch nicht erreicht.

In einem Kloster fern von deutschem Lande,
da zündete ich eine Kerze an.
Ich wußte, daß der Mensch, für den sie brannte,
mich irgendwo da draußen hören kann.

Die mich da hörte, war die Seele meines Vaters,
sie schwingt mir nach, erreicht mich dann und wann.
Sie lacht, wie sie durchs ganze Leben lachte,
und weil ich mich an sie erinnern kann.

Und manchmal denke ich, vielleicht
hat mich der Himmel nur noch nicht erreicht.

Ich strich die Hand der schwarzen Frau Madonna,
da hatte einen stillen Wunsch ich frei.
Wir flüsterten, sie nickte sehr bescheiden
und eine Schar von Bettlern zog vorbei.

Nun warte ich schon lange auf ein Wunder
und fühle mich fast wie ein Samenkorn,
das irgendwer auf diese Erde legte.
In mir beginnt Maria stets von vorn.

Und manchmal denke ich, vielleicht
hat mich der Himmel nur noch nicht erreicht.

1998

Berliner Gedichte

1

Vierter Stock

Nahe den Tauben
Ich kann immer runter
Schauen springen
Gehen und an die Türen schlagen
Vier mal vier Gefängnisse
Nicht umschauen
Der Plumser geht rum
Dann renn ich im Kreis
Aber das Pfand
Hab ich verloren
Es schlägt aufs Pflaster
Zu den Tauben
Aus dem vierten Stock

2
Prenzlauer Berg

I
Zwei Möglichkeiten
den Blick
aufs Pflaster
ohne Wiedererkennen oder
hinein in die Hundescheiße
Baugrube Fußangel
da grinst noch keiner
erst der Chamäleonversuch
beschert Aufmerksamkeit
nicht erwidert
mit dem Blick
aufs Pflaster

II
Meine glatte Freundlichkeit
rutscht ab an vermoosten Türen
windschiefem Lächeln
wo Argwohn und Lust
sich das Jawort geben
sich mir nicht preis
im Verborgenen
bleib ich dem ewigen
Unbekannten
treu und verlasse ihn doch

3

Hinterhof

hier steht der Regen
stillduftend im Karree
sammeln sich Gerüche
Geräusche und
wenig Licht
tagsüber
riecht es nach Tonne
aber am Abend steigen die Sterne
in den schmalen Himmel
gestützt auf eckige Säulen
aus Licht
Musik und Gelächter
verschwimmen
von fern die Sirene
gehört noch dazu

4

Zeit

mein wirkliches Leben ist kürzer
ich feiere Geburtstage, die nicht zählen
fünf Tage die Woche lebe ich halb
zwei Tage die Woche
in voller Länge mit dir
dazwischen Knoten im Faden
leise fallen Tage vom Kalender
was wiegt sie auf?

5

Nach Hause

Ich lege meinen Mantel ab
leise kriechen aus den Ärmeln
die Taggespinste.
Ich bleibe, kämme Staub
aus meinem Haar, es riecht noch
nach Fremdling, da legst du
die Hände auf meine Stirn
meine Last auch die deine
Wir steigen ins Boot
stromaufwärts zu rudern
im Stundenglas

1992/1993

Augenblicke

die paar Schritte überwinden
ins sanfte Wasser tauchen
des Flusses
der mich erkennt
schwimmen bis auf den Grund der Strudel
die mich freigeben
silbern Hände und Füße
an Land gleiten
der Mond spiegelt sich
in meinem Kleid
so kann ich
die Wolken riechen
und das Salz des Meeres
zu dem es den Fluß zieht
der mich umfing
mit seiner meiner Sehnsucht

1990

Park in M.

Meine entwöhnten Füße
tasten wieder eine Wiese –
sommerborstiges Gras,
Käfer und Blüten und Steine,
Maulwurfshügel, unter denen
unentdeckt vom Rasenmäher
vielleicht kleine bunte Vögel nisten;
die Blutbuchen hülln sich
– verlorenes Gesicht –
in ihren rostigen Mantel Vorwurf,
weisen mir einen Platz zu
unter dem Ahorn, den die Nachtigall
nur selten bewohnt. Hier also
leg ich meine rissige Hand
auf die Wiese,
mitten auf diese Erde.

1989

Sommerende am Meer

Der Sommer ist entschlossen, daß er geht.
Die Ausflugsdampfer machen eine Pause.
Auch wenn Gewitter über allen Dünen steht –
Ich will auf keinen Fall zurück nach Hause.

Ich will erst sehn, wie alles hier vergeht,
will spürn, daß alle Sonne mir entschwindet,
wie heller Sturm die Berge Sands verweht
und sich das Meer mit Dunkelheit verbindet.

Im Strandkorb sitzt ab heut ein alter Mann
und friert allein, die Jacke gut verschlossen.
Zum Himmel sieht er aufwärts, dann und wann,
wo Drachen tanzen heiter mit den Windgenossen.

Vergänglich bin ich, wie die Spur der Schritte,
die, von den Wellen sanft gelöscht, verblassen.
Ich steh am Meer und finde meine Mitte,
in der ich sorglos kann den Sommer gehen lassen.

2005/2022

die vorzüge des alleinseins

du kannst dem wind zuhören
lange
seinen liedern lauschen, die
keine antwort erwarten
wie du
kannst schweigen
keinem mußt du etwas schenken
gehör oder
geduld
nur dir selbst
ein wenig zeit
zwischen den zeiten
ein kiesel in der hand
ein apfel
ein grashalm
erzählen geschichten
nur für dich
du kannst sie aufschreiben
oder singen
oder weiterspinnen
zusehen,
wie der tag,
eine muschel,
sich schliesst
du bist die perle
oder der stein

2011

Besuch

Durch Vaters Umarmung hindurch
geh ich ins Zimmer
setz mich auf den Rand eines Stuhls
Sacht fassen mich
Mutters kranke Hände
streichen noch schnell
das Tischtuch glatt
Tage treiben lautlos zwischen uns
da reden wir uns dünne Brücken

Müde vom Schweigen
geh ich hinaus

1989

Frau sein

meiner Mutter Haar
trag ich noch nicht grau
und ihr Lächeln noch ungetrübt
in ihres ist Bitternis geflossen
die Kinder kommen und gehen
noch immer steht sie am Fenster
unter der schweigenden Uhr
und zählt Minuten der Angst
Minuten der Sanftheit
unwissend ihrer Verwandlung
in mich mein Kind und andere

1998

Vater

auf deiner Feier
hättest du gelacht
einer sprach
nicht über dich
kannte deinen Namen
aber deine Späße nicht
also verstand er nicht
wer da in die Kerzen blies

deine Heiterkeit fehlt
und der korrekte Schlips
beim Tanzen
das hab ich von dir gelernt

wie das Nichtschweigenkönnen
im Angesicht des Unrechts

deine behaarten Arme
seh ich noch manchmal
auf den Tisch gestützt
dein Gesicht erwarte ich noch immer
hinter der Tür
wenn ich Einlaß begehre

dir ging es gut wenn
es die um dich gut hatten
und
deine Weichheit
war der Walzer
das Totenlied

wenn der weiße Flieder –
hör ich dich singen
und sehe, es ist wahr
nur die Hecke an meinem Garten
bleibt diesen Frühling kahl
keine Zeit blieb
sie zu schneiden
störrisch schweigt sie dir nach
aber die dumme Amsel
zieht ihre Kinder weiter darin auf

1997

Bitte

Frühling, bleibe fort
komm mir nicht mit den lauen Lüften
Stürme ertrag ich
noch
allerersten Vogelgesang
aber dann
verstumme, Frühling,
bleibe stehn
in des Winters Arm
der Vater
laß ihn noch, Frühling,
kalt hier
nicht wachsen soll das Gras
ich rüttle die Knospen
von den Bäumen
doch
alle Kränze sind gebunden
für dieses Mal
gibt es keinen Trost

1997

Erwachsenwerden

mit gepackten Kisten
den Gummibaum auf dem Schoß
gen Liebsten gezogen
glaubte ich
schon erwachsen zu sein

Streiten und Lieben
Arbeit und Kind
Nächte der Sorge und
Nächte der Liebe
Erwachsensein?
egal

als der Vater mich losließ
ohne ein Wort
die Mutter
hielt ich im Arm

fing ihre Tränen auf
mit leeren Händen
und konnte nicht trennen
ihre und meine
keine Zeit

Jetzt
wäg ich jede Nachricht ab
die ich ihr bringe
mit ihren grauen Kinderaugen
trag ich ein Lächeln
manchmal
als wär's eine Last
So selten, so schmal
Fürsorge hab ich
und immer die Angst
nicht beschützen zu können
nähre Mut
einer zerbrechlichen Frau

Manchmal
Will ich mich an sie lehnen
und weinen bis ich leichter bin

Doch meine Mutter
lehnt sich an mich
ich trag sie ein Stück
und vielleicht
werd ich dabei erwachsen

2001

Gründe zu bleiben

Für Mutter

1
Ich hab noch nicht gutgetan
Was du mir Gutes getan hast
Aber
Liebe wächst nicht aus Schuld

2
Du lehrtest mich
Weib zu sein
Nicht nachlassen
Und laufen bis
Der Schwindel einsetzt
Ich nicht mehr innehalten kann
Sei eine trotzige Lehrerin

3
Verlass meine Kinder nicht,
bevor Erinnerung sie trösten kann

4
Du bist
Meine letzte Brücke in die Kindheit
Geb ich dich her
Steh ich vorn
In der Reihe
Am Grab

2008

Letzter Weg

Für Mutter

Du baust dir ein Haus in den Winden,
die Seele ist lange schon dort.
Ich kann dich auf Erden nicht finden,
du bleibst noch, doch bist du längst fort.

Du hast dich nicht selber verloren,
und lässt dich der Schmerz endlich frei,
siehst du, wie zum Leben geboren
du warst – und wie fröhlich dabei.

Nun flüsterst du mit deinen Ahnen
und stehst an der Brücke zum Licht.
Ich kann dir den Weg nicht mehr bahnen,
nur hoffen, du fürchtest dich nicht.

Schläfst hinter den Lidern dein Leben.
Verlorenes tritt nun hervor.
Ein Lied wollte ich dir noch geben,
doch nun steh ich einsam vorm Tor.

2013/2022

Als Großvater starb

Als Großvater starb
hat die Erde nicht innegehalten
ging das Tagwerk und Nachtwerk der Menschen
weiter wie vordem
aber der Krieg war aus
für Großvater
der erste heiße, der zweite heiße
der kalte
war ihm schon erloschen

Als Großvater starb
und sein schlesisches Bauernland
war Polen
hatte er gebaut, woanders und neu
und immer die Erinnerung
der kleine Junge mit dem Gewehr, zuerst,
der Vater mit der Angst vorm Russen, zuletzt,
der Bauer auf verminten Feldern, Kochlöffel voran

Als Großvater starb
hatte der Tag
noch keine Schwielen
und ein neues Jahrtausend
lag noch im Kühlregal.
Großvater wollte nur noch
ein gutes Frühstück
Dann schloss er die Augen
und alle Bilder
in sich ein

2007

44

Erdenmensch

Für Annette

du kommst
nach langem Schweigen
langer Fahrt
sandig dein Haar
es duftet
Wiese Baum Schlehdornstrauch
und Wind
jagt noch die Stimme
du fließt dir voraus
mit schweren Wassern
die Tiefen
nicht auslotbar
aber
Taschen voll Blumen
schüttest du auf meinen Tisch,
ein Gedicht, nimm's oder
umarme mich
du gehst
von Bahnhof zu Bahnhof
mit stillen Augen
und all deiner Angst
anzukommen

1991

Orgel

Für Jantschenko*

I
Unaufhaltsam
wird aus uns Musik, fließt aus den Händen
ein Schlaflied, ein Aufschrei - Gezeiten der Ängste und
Stummheit verloren

II
Aber die Uhr, deren Geräusch
uns dennoch den Atem nimmt...

III
Die noch weinen können,
erahnen das Lächeln
seiner Hände, wenn sie
die Uhr anhalten,
unerbittlich
schweigen

1987

**Oleg Grigorjewitsch Jantschenko (1939-2002):
russischer, international ausgezeichneter Organist, Komponist
und Professor für Orgel am Tschaikowski-Konservatorium in
Moskau*

Lebensmitte

I

Wer weiß schon
wo die Mitte ist
ein verlassener Ort
du erreichst ihn nicht
zur rechten Zeit
vor oder zurück
immer daneben zu früh zu spät

reißt es mich morgen aus
mit der Wurzel
wo hatte ich dann
meine Mitte, zugemessen
im Angesicht des Lebens?

unerreichbar zum Schluß
unfüllbar die Lücken
ringsum die Einschläge
werden dichter
Krater bleiben und ich

II

Wir erschreckten Kinder
zittern hinter den Scheiben
und strecken unsere Hände aus
zwischen denen das Tuch
uns zum Netz wird
mürbe und licht
vielleicht
reißt es schon morgen oder
hält noch ein Jahr, zwei
kein Später mehr
mein Himmel wird dünner

1998

Sommer

Ich ducke mich tief
In den Sommer
Verborgen im August, ohne Tränen,
Spült der See
Fetzen von Kindheit an
Der Sommer summt in den Wiesen
Auszeit noch einmal
Nie wieder so still
Wie im Garten der Eltern
Wo ich den Birnbaum
Heimlich entzaubert hab
Meiner war's und mehr
Wollt ich nie haben
Als den trockenen Wind
In den Ästen die Sehnsucht nach
Dem Duft der satt macht
Dann
Geht die Zeit nicht weiter
Aber alle Nächte
Weisen Herbst
Seinen Totenweg

2006

Nachbarschaft

März bringt
alles ans Licht
die Lebenden räumen die Möbel
ins Auto
ihre Toten
sind leise den Winterweg gegangen

Die alte Frau vom Nebenhaus
ich seh sie noch
ihr blaues Wägelchen
mit dem Sitzbrett
zwei Griffe, die die Welt bedeuten
Runde um Runde im Hof
um den Mandelbaum herum
der lachte im Chor
mit den Staren
Oma, liebe, *der Frühling kehrt wieder*
sang meine Tochter, legte
Runde um Runde ein Blatt
auf das Sitzbrett
Ernst nickte die Läuferin
schlurfte die Runde noch einmal
Der Zucker, sagte ihr Sohn,
der Zucker, Oma, muß runter
lauf noch ein kleines Stück

Nie wieder wird meine Tochter
Herzblumen auf die Wiese legen
sauber geordnet, siehst du,
die Oma freut sich

aber nun
wo ist ihr Zuhause geblieben
ihr Nest

Der Möbelwagen reißt die Klappe auf

Ach
sagt der Sohn
all diese Erinnerungen
an die Rufe und Gesänge
an die Blüten des Mandelbaums
rosa, verschwenderisch

Eine Wintersonne
schien ihr ins Gesicht
als sie ging

Noch blüht der Mandelbaum nicht
Der Hof bleibt den Kindern
Wenn welche kommen

2009/2021

meinem sohn ins krankenhaus

für johannes

I
gebleichte nacht
ein spalt
licht
über leerem bett
morgen
im spiegel
eine alte frau
mit den müden augen
meiner mutter

II
wenn du mich wieder umarmst
erwachen
tote teddys
lachen mit deiner stimme
kleine weiße vögel
durchqueren die zimmer
mit den geöffneten fenstern
trinken aus blumen
die ich an die wände gemalt

1991

Die Brücke

Brücke zwischen nichts und nichts
schau ins Wasser
nicht zurück
geschenkte Zeit
Fehler von gestern
schon fallen sie
ins Gnadenbuch
beschweren
ziehen hinab

ins Wasser spucken oder eilen –
unten ist Krieg
Blut spritzt
zu mir herauf
im Gehen
brennt's auf der Haut

weiter und weit, nicht bleiben, nicht zurück
die Brücke wölbt sich
Ende im Nebel
Diesseits und Jenseits und Jetzt
mit den großen Schritten
vorbei vorbei
nicht gelebte Leben
kauern am Geländer
jedes eine Hoffnung,
der ich verzeihe

am Halteseil
die Kinder, eine Liebe,
treibt und hält mich
schwer und leicht
nicht auf

2006

nacht

dunkeltraum
lichtflusen
sternenschacht
der wind
wirft mit tellern
ich schwebe
zwischen den gleisen
lokpfeifen
rufüber
roter fluss
dornenmund
sprache versiegt
vom himmel stürzen
geschichten
kopf rollt
durchs zwiebeltor
und lichtet davon

2017

hungertier

wenn der sommer satt in den august sich neigt
ist es schon da
zusammengerollt
liegt es am wegrand
ein weißnichtwas

die alleen flammen auf
und
am morgen
hockt es in der ecke
wenn ich
den halbtag die halbnacht
ins zimmer bitte
es fragt nach dem sinn
des tages der nacht des tages

stehe auf und koch kaffee
ich schüttle mich
noch bin ich stärker

es wächst heran mit den
dunklen tagstunden
legt sich auf die brust
nicht aufstehen
die kinder rufen nach mir
ich reiße mich los
geh in den tag
streichle, lobe, schmiere brote
und fürchte mich
vor der
stille

meine rosen haben die köpfe
vergraben
schweigen mich an
und der wind
pfeift wahnsinn
durchs gestänge der hollywoodschaukel

ich bin ein besetztes Land
jede berührung ist eine gefahr

BITTE ETWAS LICHT

schrei ich leise in den weltraum

mein liebster sieht hinab
in den dunklen brunnen
kein Wort sag ich
binde die liebesworte fest
am marterpfahl
aufheben
für die guten Tage
nicht beschmutzen

er wiegt mich
weiß und weiß
trägt die dunkelheit
in säcken aus dem haus

mit den ersten schneeglöckchen
rollt sich das untier zusammen
bis meine spätsommerfurcht es weckt

2004

Wiedersehen

Ganz
dem Hier und Jetzt verbunden
nehme ich dich
auf in mir
alle Zeit
Gestern
und der morgige Tag
sind untergegangen
jetzt und hier
Diese eine Berührung
mein und dein
ohne Grund und Grenze
bis das Morgen uns
an seine Ufer treibt

2007

Zeitenbrücke

Wie eine Brücke
bin ich zwischen die Zeiten gespannt
nicht hier und nicht dort sein
Füße fest auf dem Boden
doch bodenlos
Dazwischen der Abgrund
ein bißchen zu Hause
beiderseits
Der einen Heimat war ich zu jung
um zu wurzeln
Der anderen passe ich nicht so recht
nicht windflüchtig
ungeglättet
Die Zeit hat mich erfunden
Immer dazwischen bin ich
nirgends zu Haus
Aber meine Kinder
schicke ich in die Welt
sind Boten
mit Taschen voller Kieselsteine
und Erinnerungen
vielleicht einer Hoffnung
im Durcheinander
von ungelebtem Leben

2009

Alte Frauen

nur manchmal fallen
Schatten blühender Robinien
auf narbige Gesichter
und die Spinnen unter der Bank
knüpfen geduldig ihr Netz –
sie werden länger bleiben
als die Frauen, die
sommers hier hocken,
ein Butterbrot bei sich,
um die Schulter gelegt
das morsche Tuch Geschichte,
das ich nicht wage abzustreifen;
und seh doch, es fehlt
wieder ein Gesicht.
Altweiberfrühling, denk ich,
senke den Blick und
habe im Rücken ein Lächeln,
das mich heute
nicht schlafen lässt.

1989

Was ist die Zeit

Mutter,
was ist die Zeit?

Sie beugt sich zu dir
flüstert
und geht
durch dich hindurch

Jetzt

Sagt die Zeit
darfst du noch bleiben
also
bleibe, halte aus

Die Zeit
sitzt an deinem Tisch
Des nachts
hörst du sie
durchs Zimmer streichen
legt sie mir
deine Jahre um die Schultern

Schickt mich fort

Holt mich zurück

Dir
die Hand auf die Stirn zu legen
wenn die Zeit
dich umarmt

1997/2001

März im Oderbruch

Immer führt irgendein Weg
ins Irgendwohin,
zur alten Kirche
ohne Putz,
die auf Antwort wartet
und gähnt
mit offenen Türen
zu den Außenglocken

Sonntag

Die fetten Wiesen
haben Grün aufgelegt.
Das Buschwerk, scheu,
bleibt kahl und mißtraut
dem weißgeäderten Menschenhimmel

Zu früh noch, zu früh,
raunt es
durch die Allee

Nur ein Pinselstrich
Nachtrosa
alles wird weich
karierte Häuser
drehn sich in den Abend
öffnen die Läden
und tanken Licht
bis die Amselnacht
Schwarz auskippt
auf alle Felder

Am Spinnenweg
leuchten Katzenaugen
zurück in die Stadt

2007

Neujahr in F.

Nicht einmal Schnee.
Die nackten Häuser,
Mahnmale, ragen
in den beleidigten Himmel.

Gestern noch
haben wir ihn beleuchtet
zur Nacht, mit Raketen und
Liebesschwüren und
besoffenen Gesängen,
daß er ganz rosa wurde
vor Scham.

Alle Lichterketten abmontiert.
Alle Zeiger
fallen ab
von den Uhren.
Grautag. Graunacht,
Sonne, fleckiger Lampion.

Angst vor der Kälte
gebiert
Angst vor der Nacht.
Wohin soll ich gehen
in diesem frühgeborenen Jahr?
Einmal noch tanzen.
Einmal noch Blatt sein,
trudeln im eisigen Wind.

2018

Wieder Mors

Mond überm Land
und flammender Abend
ein Ruf in der Nacht
der Reigen der sterblichen Sterne

Landschaft, die windet sich
mir
aus den Händen
des Sommers
empfang ich noch immer
der schwarzen Erde
Frucht und Korn und den Duft
vom Ende der Sommertage

Hier
wo ich weiß
wie Horizonte
zusammenfließen
in ein Blau
das der Sund verschlingt

Salziger Tag, er spült
die Sehnsucht
nach Bleiben
und Meer in den Abend

Dorthin will ich gehen, wo
der Wind sich einfindet
in der Dämmerung
und schneeweiß uns
ein Ort leuchtet
bleiben sehen atmen

frei sein
für einen geborgten Tag

2016

Neubaugebiet in F.

Der Himmel in Fetzen
überm Wartehaus aus gebrochenem Glas

Hier
liegt die Zeit auf der Straße
Hände genug
sie aufzuheben
aber wohin denn

Hier
muß man bleiben
und zuschauen
den kleinen Birken beim Wachsen
zwischen den Amtsgängen
ums Geld
und den Kindern
nicht mehr viele
am rostigen Spielplatz
tagsüber

Groß geworden
die Bäume die Kinder
die bleiben
und bleiben nicht
warten
auf Abriß
oder
Aufbruch

Dazwischen liegt
immer ein staubiger

Tag
voller Hoffnung

2006/2007

Salzburg

Salzburg
hat uns nicht erwartet
und nicht begrüßt, aber
den Sommer ausgekippt
über den Biergärten
und der Himmel
zerschnitten von O-Bus-Linien
endet nicht
hinter den Bergen.

Salzburg,
du schöne Geliebte
drehst dich vorm Spiegel –
seht alle her. Doch schlägst du
die Augen nieder,
sind wir zu nah.
Immer bleibt
etwas unberührt.

Deine anmutigen Zwerge
haben die halbe Welt bereist.
Auch Einhorn und Pegasus, ach,
wie abgegriffen sind eure Rücken.
Wandeln wir zwischen
Beeten und Brücken,
gibst du deine Söhne preis
und singst dabei leise,
im Rücken die Wand,
hoch oben
ein Schloss in den Wolken,
das träumt von einer Zeit,
als Salzburg noch kein
übervolles Museum war.

Die Sonne, ach Salzburg,
hält sich in deiner Mitte fest.
An die Berge gelehnt,
gebierst du Schönheit immerzu.
Kühle Stille
sparst du dir auf
für den, der dich nicht
erobern will.

Salzburg,
du hast uns nicht begrüßt
und nicht erwartet.
Aber wir ahnen,
unter dir
schläft ein Riese.

2019

Abschied von Norderney

Für Henry-Martin

Liebster ich habe den Sommer
getragen ans Meer,
ans Meer.
Da wiegte er sich
im salzigen Wind
und blieb noch
solange ich blieb.

Aber das Heimweh rüttelt
an den Pappeln im Argonner Wald.
Ich binde mich
an den letzten Sommerfaden
überm Meer.
Reißen wird er.
Abschied von der Insel.

Liebster, es wird kalt sein
wenn ich heimkomm.
Und ich fürchte den Winter.
Einsames Tier.
Ein salziger Tropfen
blinkt mir im Haar.
Der Sommer kehrt wieder
übers Meer, übers Meer,
wenn Du mich wärmst.

2002

Pfefferkuchenhaus

Komm, es erwartet dich
ein Zimmer voller Gerüche,
die tanzen mit schwarzen Katzen
bis alle bunten Kuchen lachen.
Komm und iß, ich habe
den Ofen geheizt, die Fenster verriegelt
und deinen Pyjama versteckt.

Gib mir den Finger,
ich nehm sowieso
deine ganze Hand.

1988

Manche Tage

Wo Tagvögel dir die Stirn furchen,
verbindet dich ein dünner Faden Zeit
den Menschen, die hinter Glas
schweigend vorbeigehn. Du reißt
farbige Bilder in Fetzen
von deiner Haut, unter der
unerbittlich das Leben
der anderen rinnt. Die Verwandtschaft
der Fremden. Auch ich
finde mich dort, wenn ich heute
Wunden dir heile, um neue zu schlagen
uns, die wir Umarmungen
brauchen wie Licht.

1988

haut an haut

für henry-martin

haut an haut
und noch immer schlaf
möcht ich davonschwimmen
mit dir
bis die sonnen wiederkehren
bis die elektrogeräte erwachen
bis die welt mit leuchtenden fingern
durch alle ritzen greift

da draußen
gibt es uns nicht
nur ein ich und ein ich

in unserer seerose
hier sind wir wir
im grauen nichttag
alle blätter geschlossen,
schwimmen auf dem brausesee
warm in deinem nest

mir kann nichts geschehen
solange haut an haut
wir liegen
noch diesen moment
noch den nächsten
bis die blüte sich öffnet
uns freigibt
bis das erste blatt welkt

nicht mehr trennen müssen
für einen tag
für den tod
haut an haut
in dir und um dich
sein
im seerosenbett
im brausemeer

2012

Erwartung

Wind werd ich sein
in den Segeln deiner Träume.
Sie blähen sich sacht
im atmenden Sturm:
salzgewaschene Tücher,
die, farbigen Tränen gleich,
auf unseren Hautlinien kreuzen.

Wir treiben die Schiffe dem Morgen zu,
den Strudeln aus ungeborenen Worten,
der Brandung, die an unseren Festungen leckt,
sich müd schlägt an eigener Schlaflosigkeit.
Die Flut bettet Schaum uns auf Lippen und Haut,
bis unsere Münder die Augen öffnen.

1987

streit

unfriede hockt
auf dem bücherbord
und kichert metallen
jetzt habe ich euch doch
er hat die wände schwarz gemalt
und mein herz
in einen blechkasten gesteckt
den Schlüssel
im klo versenkt

ach liebster
warum kann ich noch nicht
unendlich lieben
und weich sein

tanzen umeinander
keine musik, nur der harte takt
unserer schuhspitzen
nicht berühren!
zeit rauscht im uhrenglas

gleich
verlier ich dich
oder
weck mich auf

1992/2020

Richtet euch ein

Richtet euch ein
in den Zwischenräumen
zwischen Liebe und Bruch
zerschneidet das Tuch
und fühlt es
schreibt Freundschaft darauf
im Vielleicht geht eure Liebe die Berge hinab

Richtet euch ein im Dazwischen
Liebe und Verrat teilen das Laken
aber ihr habt Nadel und Zwirn euch geborgt
Wie kann ein zerrissenes Herz
genäht und auf Freundschaft gewendet
im Nebel warten
bis Licht aus der Deckung kommt?
Ihr richtet euch ein
in Mauern aus Worten
und redet selbst den Schmerz euch kaputt
Heilsames kann euch so
nicht widerfahren

Der Schmerz könnte lehren
ich lebe noch
oder
Liebe ist nicht so wichtig
Sie wird das nimmermehr
Im Zwischenraum eingeklemmt
zwischen Bett und Bratpfanne
auf jeder Seite des Lakens
wartet einer und verwelkt

2011

Liebeslied

Komm, Liebster, schließ die Tür.
Die schmale Zeit entrinnt uns schnell,
bald wird die Nacht schon wieder hell.
Glück zählt nur Stunden, die ich spür.
Komm Liebster, schließ die Tür.

Komm, Liebster, halt mich fest.
Die Jahre haben uns gebrannt,
und hält noch meine deine Hand,
träum ich, daß du mich einst verläßt.
Komm, Liebster, halt mich fest.

Komm, Liebster, lösch das Licht.
Ich seh dich mit den Händen an,
bin ganz dein Weib und du mein Mann,
das Gestern fällt nicht ins Gewicht.
Komm Liebster, lösch das Licht.

Komm, Liebster, bleib bei mir.
Die Lust kann kommen und vergehn,
wenn wir die Zeiten schwinden sehn,
und bis zum Schluss bleib ich bei dir.
Komm, Liebster, bleib bei mir.

2015

Alt werden

Für Henry-Martin

Zwei schiefe Weiden
Sind wir
Am Wasser
Das fließt uns zu Füßen
Wir wachsen noch immer
Einander zu

Ohne den andern
Kann der eine nicht
Aufrecht sein
Nicht widerstehen
Aber uns beide
Wirft es nicht um

Wind zerrt am Haar
Deinem und meinem
Lang und wild
Bietet es Nest und Versteck

Aneinander gelehnt
Sehen wir weit wie
Sonne und Mond sich umrasen

Unsere Wurzeln
Wachsen den Quellen zu
Unseren Anfang
Erzählt jedes Blatt

Wir bleiben
Knorrig und schief
Ein Mal in der Landschaft
Am Fluss
Noch lange, dann
Räumt uns zusammen weg

2011

Hoffnung

Für Vera

Morgens um Acht warst du endlich geboren
und hast mir die Zuversicht wiedergebracht.
Ich glaubte so oft, ich hätt dich schon verloren.
Nun glänzen die Sterne ganz neu, jede Nacht.

Ich pack deine Tasche mit Liebe und Leben,
Erinnerung stumm in die Tage gewebt,
als könnt ich dir immer zu wenig mitgeben,
als hätt ich vor dir noch nicht richtig gelebt.

Wohin gehst du, kleines Mädchen?
Warten hast du nie gekonnt.
Wohin gehst du, kleines Mädchen?
Viel zu eng der Horizont.

Dein Rucksack kann schwer sein von alternden Wunden,
von Liedern so leicht, aus der Liebe erdacht,
wenn du erst das Land mit dem Herzen gefunden,
das Heimat dir ist in der schwärzesten Nacht.

Und immer ist Weitergehn Hoffnung und Ende,
ein flatternder Vogel, der Kräfte beraubt –
halt ich dich noch sicher und halt deine Hände,
und habe nur an Deinen Willen geglaubt.

Wohin gehst du, kleines Mädchen?
Wächst dein Herz mit jedem Schritt,
wohin gehst du, kleines Mädchen,
wachsen Flügel immer mit.

Unter den Dächern der träumenden Bäume
halt ich beim Fahrradfahrn fest deine Hand.
Wir lösen die Rätsel, erfinden uns Träume
und steigen durch jede sich öffnende Wand.

Wohin gehst du, kleines Mädchen?
Läßt du dich nicht selbst im Stich,
wohin gehst du, großes Mädchen,
öffnen alle Türen sich.

2022

Nun sind wir allein

Nun sind wir allein
Der Sommer geht
Die Kinder sind gegangen
Unser das Nest
Unser die Zeit
Und noch immer
Liebe ich dich

Bestanden haben wir
Alle Prüfungen
Alt geworden über
Fiebernächten, Zweifeln, Hausaufgaben
Liebeskummer, Türenknallen
Und Tränen – denen der Angst,
Des Zornes
Und
Der unsagbaren Liebe

Nun sind wir allein
Zwischen den Bilderrahmen
Erinnern an
Alte Kinderspiele
Die Murmelbahn, nie groß genug
Und den Stolz
Beim aufrechten Gang.
Leer ist der Tisch
Frei
Und nicht einsam
Schließen wir die Tür
Leise hinter den
Besucherkindern
Und ihren ungebändigten
Hoffnungen

Nun sind wir allein
Suchen den eigenen Rhythmus
Nachts finde ich wieder Heimat
In deinem Leib
Erwache nah bei dir
Wie immer
Wie damals
Wie morgen.
Öffne das Fenster zum Garten:
Nun sind wir allein.
Erkennst du mich noch?

2021

Inhalt